FRANCISCO FAUS

A PAZ NA FAMÍLIA

4ª edição

@editoraquadrante
@editoraquadrante
@quadranteeditora
Quadrante

São Paulo
2024

Copyright © 1997 Quadrante Editora

Capa
Provazi Design

Dados Internacionais de Catalogação na Publicação (CIP)

Faus, Francisco
 A paz na família / Francisco Faus — 4ª ed. — São Paulo: Quadrante, 2024.

 ISBN: 978-85-7465-610-6

 1. Família 2. Irmãos e irmãs 3. Marido e mulher 4. Pais e filhos 5. Paz 6. Relações domésticas 5. Pais e filhos I. Título

CDD-158.24

Índice para catálogo sistemático:
1. Família : Relações interpessoais :
Psicologia aplicada 158.24

2. Paz na família : Relações interpessoais :
Psicologia aplicada 158.24

Todos os direitos reservados a
QUADRANTE EDITORA
Rua Bernardo da Veiga, 47 - Tel.: 3873-2270
CEP 01252-020 - São Paulo - SP
www.quadrante.com.br / atendimento@quadrante.com.br

SUMÁRIO

INTRODUÇÃO 5

UMA DESCIDA AOS PORÕES..................... 17

A FAMÍLIA EM PERSPECTIVA 51

CONSTRUIR A PAZ FAMILIAR 79

NOTAS 125

INTRODUÇÃO

Desejos de paz

Se perguntarmos a uma pessoa recém-casada qual é o bem que mais deseja na família, provavelmente responderá:

— O amor.

Se fizermos a mesma pergunta a um homem ou a uma mulher já maduros, com longos anos de convivência familiar, é provável que nos responda:

— A paz.

Nem todos dirão isso, certamente, mas muitos, sim. É que os anos de convívio entre marido e mulher, e entre pais e filhos, vão evidenciando, com luminosa clareza, que a paz é um bem inestimável, tanto mais precioso quanto mais frágil e difícil é de conseguir e de conservar.

— Paz! Pelo amor de Deus, quero paz lá em casa! — dizem alguns, com gemidos de náufrago que já não aguenta mais segurar-se numa tábua no meio da tormenta.

Têm ampla experiência das agruras da «guerra»: desavenças, incompreensões, brigas, maus humores, recriminações, injustiças, teimosias, desafios, reclamações monótonas... A esses, a harmonia parece-lhes um sonho que lhes escapou das mãos há muito tempo, como se fosse um balão perdido no espaço, sem meio algum de o recuperar.

A harmonia familiar é um ideal que essas pessoas entristecidas amam, com um amor ardente e dolorido, unido à convicção amarga de que a paz familiar estável não existe na terra ou, caso exista, é uma loteria que não os contemplou.

Uma loteria, uma questão de sorte. É assim que muitos veem as alegrias da paz familiar. Uns são agraciados e outros não. Qualquer pessoa — pai, mãe, filho — que se queixa da falta de paz familiar costuma dispor de uma explicação para essa infelicidade: a má sorte de ter que conviver com um cônjuge ou filhos — ou pais — de caráter difícil, de temperamento insuportável, de... Instintivamente, o queixume pela falta de paz toma a forma de uma acusação. Sabemos bem quem são os culpados, e sabemos bem de que males são culpados. É a grosseria do marido, é a indisciplina e o desrespeito dos filhos, é a tirania irracional dos pais... Ou, então: «É que não me compreendem, não me escutam, não acreditam em mim, não têm responsabilidade, não têm ordem, gritam à toa, ofendem... Assim, não é possível ter paz!»

Em face dessa tendência para a acusação dos outros, parece-me muito sugestivo o seguinte comentário de um escritor brasileiro:

«Nos casos de conflitos entre pessoas [o autor está tratando do divórcio], asseveramos que a única solução, o único termo ou desenlace perfeito só pode ser atingido quando se chega à confrontação leal e verídica de um sentimento de culpa. Um desentendimento jamais poderá ser resolvido se as partes obstinadamente fogem dessa confrontação. Consegue-se um apaziguamento com evasivas, com fórmulas conciliatórias como aquela: "ninguém tem culpa"; mas só se consegue uma cura profunda e fecunda no momento em que cada parte queixosa seja capaz de um duplo ato moral: o do reconhecimento de sua culpa, na base de uma genuína humildade; e o da ciência proporcionada e justa da culpa alheia, num ato de misericórdia, predisposto ao perdão [...]. O remédio específico para os humanos desentendimentos não pode ser puramente psicológico. Há de ser moral, e não é outro senão o ato de humildade e o ato de generosidade»[1].

É um conselho lúcido e muito útil. Sim. Quando cambaleia ou naufraga a paz familiar, a primeira coisa que devemos fazer é deixar de lado toda e qualquer acusação, por objetiva e justa que pareça, e começar pela tarefa humilde de reconhecer as nossas culpas: «Qual é a minha parte de culpa no mal-estar familiar?» Ninguém nos pede que assumamos *toda* a culpa, mas sim que *comecemos* por enxergá-la e aceitá-la sem desculpas, como passo prévio para conquistar ou reconquistar a paz no lar.

Depois disso, poderemos dar o segundo passo, o da ponderação serena e objetiva da culpa alheia, e então estaremos em condições de encarar essa culpa com a disposição generosa de compreender e perdoar, de corrigir e ajudar.

As cordas do coração

Uma comparação simples pode ajudar-nos a perceber melhor a conveniência de começar reconhecendo a nossa culpa.

O coração humano pode ser comparado a um instrumento de cordas. Imagine, se quiser, um violino, uma harpa, ou um piano, que tem cordas também.

É claro que, para extrair do instrumento uma música harmoniosa — uma sinfonia, uma rapsódia, uma sonata —, é necessário um bom intérprete. Mas não adianta dispor do melhor intérprete do mundo, se o instrumento tem as cordas soltas ou mal afinadas. Por mais que o virtuose se esforce, só conseguirá dissonâncias roucas ou estridentes, ruídos abafados, cacofonias. A primeira coisa que fazem os músicos de uma orquestra, antes de que o regente levante a batuta e imponha o silêncio expectante do início do concerto, é afinar os instrumentos. Qualquer amante da música lembra-se desses barulhinhos inconfundíveis de violoncelos, violinos e contrabaixos a regular as cordas.

Pois bem, o coração também tem as suas cordas. Umas cordas que se chamam virtudes ou defeitos. São as cordas da humildade ou do orgulho, da fortaleza ou da moleza, da preguiça ou da laboriosidade, do otimismo ou do pessimismo, da generosidade ou da mesquinhez... Virtudes que soam bem, ou defeitos que soam mal.

Os outros, quer sejam amáveis ou grosseiros, quer sejam pacientes ou irritadiços, farão soar dentro do nosso coração uma nota conforme as nossas cordas. Se a corda da generosidade anda fraca, qualquer atitude da esposa, do marido, do filho ou do pai que exija algum sacrifício fará vibrar a nota desafinada do mau-humor. Pelo contrário, se o coração for grande e a corda da generosidade estiver «bem temperada», mesmo as agressões mais desagradáveis dos outros farão ressoar a nota da compreensão, da afabilidade que desvia a discussão, da grandeza de alma que finge nem ter reparado na ofensa. E, então, haverá paz.

Vale a pena, portanto, insistir em que a *primeira* causa das desavenças, brigas e desarmonias, não convém buscá-la no que «os outros fazem ou dizem», mas na maneira como isso que fazem ou dizem — quer seja bom, quer ruim — repercute no nosso coração. Lembremo-nos do exemplo de Cristo. Ele — cujo coração de Homem-Deus tinha as cordas das virtudes divinamente afinadas — espalhava à sua volta uma paz imensa, não só quando pregava aprazivelmente nas margens do lago de Genesaré, e todos se encantavam com as suas palavras, mas também quando agonizava no alto da cruz, cercado de impropérios, zombarias e tormentos atrozes.

Do coração é que sai tudo, dizia Cristo (Mc 7, 21). Tudo depende do coração, do amor, da bondade e das virtudes que nele se enraízam. Boas virtudes são geradoras de paz. Defeitos arraigados são provocadores de guerra.

Como entendia bem São Paulo o ensinamento de Cristo! Bastará, por ora, lembrar apenas dois trechos das suas cartas, que põem à mostra as cordas da paz e as cordas da guerra:

— Cordas da paz: *Revesti-vos de entranhada misericórdia, de bondade, humildade, mansidão, paciência. Suportai-vos uns aos outros e perdoai-vos mutuamente, se um tiver contra outro motivo de queixa [...]. Mas, acima de tudo, revesti-vos do amor, que é o vínculo da perfeição. Triunfe em vossos corações a paz de Cristo, para a qual fostes chamados* (Cl 3, 12-15).

— Cordas da guerra: *Nenhuma palavra má saia da vossa boca [...]. Toda a amargura, indignação, cólera, gritos, injúrias, e toda a espécie de malícia, sejam banidos dentre vós* (Ef 4, 29.31).

Guerra e paz, sim. Vale a pena encará-las ambas. E, para que a nossa reflexão seja como uma escada, que vai subindo dos fundões até as cumiadas, assim como Dante começou a *Divina Comédia* pelo Inferno, também vamos iniciar estas simplicíssimas meditações entrando, primeiro, nos porões onde fermentam os conflitos familiares, para depois subir, contemplar com perspectiva cristã o ideal familiar, e procurar, enfim, os caminhos que podem conduzir a família à paz.

UMA DESCIDA AOS PORÕES

Primeiro porão: O orgulho

O «eu» sobre o altar

De todas as cordas desafinadas do coração, a pior é a do orgulho. Este vício capital é o primeiro inimigo da paz familiar; o orgulho que, de resto, é o inimigo número um de toda a bondade e de toda a alegria. Não é em vão que a Bíblia diz, no livro do Eclesiástico, que *o orgulho é o princípio de todo o pecado* (Eclo 10, 15).

Mas, o que é o orgulho? Uma definição clássica reza assim: «O orgulho é o apetite desordenado da própria excelência». Trocando a frase em miúdos, significa: é o desejo exorbitado de sobressair, de ficar por cima, de ser valorizado, acatado e estimado; é a ânsia de sentir-se superior aos outros, ou pelo menos nunca inferiorizado; é a incapacidade de aceitar qualquer coisa que fira o nosso amor-próprio ou rebaixe a nossa imagem.

O orgulho cega. Essa supervalorização do nosso «eu» impede-nos de enxergar a verdade sobre os nossos defeitos e culpas, porque não suportamos que essa verdade nos situe abaixo do alto conceito que fazemos de nós mesmos ou nos coloque por baixo dos outros.

Poderíamos dizer que a pessoa orgulhosa construiu um altar dentro do seu coração, onde entronizou o seu próprio «eu» como um ídolo intocável, que constantemente defende e adora. Qualquer coisa que atinja esse falso «deus», qualquer coisa que tente questioná-lo ou ameace rebaixá-lo, provoca no orgulhoso uma reação imediata, violenta como uma descarga elétrica, ou abafada e surda (por exemplo, um mutismo sufocante, um ar carrancudo de dignidade ofendida, etc.), que acaba com a paz.

Não há dúvida de que o orgulho é a corda mais desafinada do coração. Melhor dizendo, o orgulho é todo um conjunto de cordas desafinadas. Procuraremos agora ouvir o som de algumas delas. Não será agradável a música, mas pode ser bom escutá-la, não, evidentemente, pelo prazer maldoso de ver retratadas nela as falhas das pessoas da nossa casa («É o vivo retrato do meu marido», «Acho que o autor deste livro fez a radiografia da minha mulher», «É, chapado, o meu irmão», «Olhe aí a cara da minha sogra»...); não, não vamos procurar esse prazer ruim... Pelo contrário, vamos tentar fazer um reconhecimento humilde dos porões escuros da nossa própria alma — das *nossas* cordas desafinadas —, com o intuito positivo de ajustar-lhes as cravelhas, de afinar, em suma, o instrumento poderoso que é o nosso coração e, com a ajuda de Deus, conseguir que ele vibre com notas cada vez mais puras e harmoniosas.

Vejamos, pois, essas *cordas*, sem pretender falar de todas, nem colocá-las numa determinada ordem de importância. Pensemos simplesmente nos atritos familiares que nos são mais conhecidos e deixemos a reflexão correr.

Facilmente salta à vista uma primeira corda bem mal ajustada: a *crítica*.

A pessoa orgulhosa tem muito aguçado o espírito crítico. Não por rigor filosófico ou científico, mas por «superioridade» arrogante. O orgulho só lhe deixa ver o lado ruim dos outros, que ele contempla de cima para baixo, com ar de desaprovação, com um desprezo prévio, preconceituoso, que é parecido com o do fariseu da parábola de Cristo: *Eu não sou como os outros homens [...], nem como este publicano* (Lc 18, 11).

Como pode haver paz e harmonia num lar onde o pai, ou a mãe, ou o filho adolescente, ou a filha universitária..., passam a vida criticando, reclamando, resmungando e «botando defeito» em todas as coisas dos outros?

Para o irmão, o que a irmã disse é estúpido, e assim o proclama em voz alta; para o pai, os ideais e sonhos do filho são tolices, que lhe lavam o cérebro e o afastam da única coisa que interessa: ganhar dinheiro; a comida — responsabilidade direta da mulher — sempre está ruim: ou é salgada demais, ou é insossa, ou é uma fábrica de colesterol, ou parece ração de granja. Uns e outros *só* veem que os demais falam alto, ou chegam tarde, ou não respondem, ou olham torto, ou não ligam nem um pouco para o que se lhes diz, ou têm amizades intratáveis, ou escolhem os piores momentos para fazer as coisas... Em resumo: críticas, críticas e mais críticas. Como se o «criticão» tivesse um sensor que só fosse capaz de captar o negativo.

Só a título ilustrativo, vou contar uma pequena e divertida história da vida real. Um casal de velhos. Ele, arrastando a perna, vai fazer as compras para a geladeira e a despensa (não no supermercado, mas na quitanda, como corresponde a um homem de outros tempos). Ela, boa pessoa, tem, no entanto, o vício de criticar. Volta ele da quitanda com o carro cheio: lá tem de tudo e um pouquinho mais. Mas a cara-metade, em vez de agradecer, só se lembra de gritar, com um rangido de arranhar a alma: «E o jiló? Cadê o jiló? Você se esqueceu do jiló!»

Essa corda da crítica fica ainda mais desafinada quando se transforma, por um pior desajuste, na corda da *ironia* ou do *sarcasmo*. Nestes casos, o desprezo é mais ferino. Ironizar é quase sempre diminuir e humilhar o outro. Às vezes, é pisar em cima dele até deixá-lo esmagado no chão. Uma ironia bem aplicada é um dos golpes mais baixos que o nosso orgulho pode desferir nos outros.

— Puxa, desta vez, de cada três palavras que você falou com os convidados, só quatro eram asneiras. Parabéns, vai melhorando! — espeta o marido, sarcasticamente, na cara da mulher.

— Fulano (colega do marido) já foi promovido faz um ano, e você ainda pastando lá em baixo. Deve ser porque o ar daquele escritório de pé-rapado te faz bem... — ridiculariza a mulher, mexendo com um marido já complexado pela falta de sucesso profissional.

— Sabem de que sofre «o» neurônio da loira? — pergunta ironicamente o menino convencido, olhando com desprezo para a irmã. — Sofre de solidão!

No dia seguinte vem com outras duas piadas, que ele acha melhores ainda: — A loira burra (que, por sinal, é bem mais inteligente do que ele) só tem três neurônios no cérebro: um receptor, um emissor..., e o terceiro para atrapalhar os outros dois! E tem mais! Como é que a gente sabe que a loira usou o computador? Quando tem líquido corretor na tela!

Deus nos livre da ironia corrosiva, que é a escória da nossa vaidade e da nossa arrogância. Não poucas vezes, achando-nos «engraçadinhos», estamos esfaqueando os outros. Peçamos a Deus que, em casa e fora de casa, saibamos praticar somente a ironia amável, simpática, aquela que não fere ninguém, mas alegra os corações e faz rir com gosto.

Mais cordas desafinadas

Existem outras cordas mal soantes do orgulho. Seria difícil lembrá-las todas. Mas, para ficarmos prevenidos e tentarmos melhorar, talvez seja útil examinar ainda mais três ou quatro delas.

Uma corda, um defeito muito aparentado com a crítica, é a mania de *fiscalizar*, partindo da base de que sempre existe «coelho no mato». O paradigma pitoresco desse espírito de suspeita é a figura lendária do marido que, todos os dias, ao chegar a casa, aplica uma homérica surra na mulher e nos filhos, e esclarece depois: «Não sei o que eles fizeram, mas eles sabem...»

Há pais que parecem estar sempre a fazer uma auditoria na mulher e nos filhos, com um bloco de multas e o Código Penal na mão. A alguns deles, costumo chamá-los, brincando, «Catão, o Censor»*. E o mesmo se poderia dizer de certas mães, que mostram uma eterna desconfiança para com os filhos. Interrogam policialmente a todos sobre todas as coisas; vasculham gavetas, papéis e armários à procura de «algo errado»; não acreditam no que eles dizem; fazem complicadas pesquisas telefônicas para se certificar de que estiveram mesmo lá onde disseram que iam; perguntam mil vezes a mesma

---

(*) Marco Pórcio Catão (234-149 a.C.), personalidade pública de Roma que recebeu o apelido de *censorius* pelo rigor inflexível com que criticou o relaxamento de costumes, devido à influência grega.

coisa, para ver se os apanham em contradição. Em consequência, os filhos se exasperam, ficam fora de casa o mais que podem e acabam caindo na teia de aranha das mentiras, provocadas pela desconfiança dos pais.

Quando essa desconfiança se dá entre marido e mulher, e degenera na doença mortal dos ciúmes, então a paz familiar está à beira do naufrágio. O lar torna-se uma câmara de gás, cada vez mais venenoso e asfixiante. O homem ou a mulher que se torturam, e torturam o cônjuge, com a máquina mortífera dos ciúmes, deveriam compreender que só têm duas saídas para esse beco letal: ou reconhecem que o ciúme é fruto de um requintado orgulho (o da pessoa que se sente como uma divindade nunca suficientemente adorada); ou aceitam o fato de que estão doentes, e vão-se tratar com um bom especialista.

O que não é possível é dizer «Eu sou ciumento» e continuar a transformar o lar num inferno.

Também é manifestação clara de orgulho a mania de *ter razão*. Como é desagradável conviver com uma pessoa que, por princípio, não aceita que a contradigam, ainda que o façam serenamente e com bons argumentos; que não é capaz de ceder — até mesmo quando já não tem mais o que retrucar —, mas sente a necessidade de dizer a última palavra, porque não quer dar o braço a torcer. «Eu estou com a razão, e pronto!»

É tão bom ceder! Só é preciso ter um pouco de humildade, ungida com um pouco de caridade. São Josemaria Escrivá aconselhava sempre aos casais — e a todas as pessoas de boa vontade — a não discutir. «Da discussão — escrevia — não costuma sair a luz, porque é apagada pela paixão»². E punha um minúsculo exemplo prático, com palavras semelhantes a estas: — Para que discutir com a mulher, que afirma que a prima Fulana tem trinta anos, teimando em dizer que «já tem trinta e dois»? É melhor ceder, e não atear uma discussão por uma insignificância. Que importância têm dois ou três anos a mais ou a menos?

Às vezes, para ajudar algum obstinado discutidor a abaixar as armas, costumo dizer-lhe: «Você já pensou que ninguém vai para o Céu pelo fato de "ter tido razão" nas discussões? No dia do Juízo, ninguém vai perguntar-lhe se, na vida, você "teve razão". Pelo contrário, vão perguntar-lhe se soube compreender os outros, se soube perdoar, aparar arestas e espinhos no convívio e evitar conflitos por minúcias tolas».

Por último, para não fazer uma enumeração interminável de *cordas do orgulho*, vou lembrar algo que me dizia recentemente um velho amigo, e que me deixou pensativo e comovido. Eu vinha meditando sobre o que agora estou a escrever, e ocorreu-me perguntar a esse amigo (pai de uma família unida e exemplar, que acabava de celebrar as Bodas de Ouro do seu felicíssimo casamento): «Fulano, qual acha você que é o segredo da paz familiar?»

Confesso que esperava umas palavras um tanto românticas. Por isso, surpreendeu-me a resposta: «Eu diria que o segredo da paz na família é a educação».

Reconheci, depois, que há nessa resposta uma enorme dose de sabedoria cristã, acrisolada pela experiência. A *grosseria*, com efeito, não resulta só da deficiência de formação de berço. É sempre um ato de orgulho, porque constitui uma falta de respeito para com a pessoa rudemente tratada, um rebaixamento, uma humilhação. Na terceira parte desta obra, ao falar dos bons caminhos que levam à paz, deveremos mencionar o respeito — feito de humildade, compreensão e grandeza de coração —, como base indispensável para o amor e, portanto, para a harmonia e a paz. Mas, por ora, vamos deixar este assunto por aqui.

Segundo porão: O egoísmo comodista

História triste de chupim

Rubem Braga tem uma crônica deliciosa, intitulada *História triste de tuim*. Vamos começar este novo item com uma crônica nada deliciosa, que poderíamos chamar *História triste de chupim*.

Na casa onde moro, há um pedacinho de jardim na frente e um quintal nos fundos. O ano inteiro é visitada por pássaros os mais diversos, que enchem o quintal de cores e alegria. Na primavera, fervilham: lá faz ninho o sabiá, cria a corruíra e se multiplica a rolinha. Mas, ano após ano, uma sombra escura desce sobre esse pequenino paraíso alegre. Um dia qualquer, observa-se bicando o chão, com ar distraído e olhar sorrateiro, um casal de chupins, pretos como o azeviche. Por mais que disfarcem, ninguém se ilude sobre os seus propósitos. Estão a espiar a ingenuidade com que o tico-tico prepara, laboriosamente, o seu ninho. Aproveitando um descuido dos inocentes passarinhos, a fêmea do chupim depositará no ninho deles um ou dois de seus ovos, e desaparecerá, lavando as mãos — ou o bico — dos trabalhos aborrecidos de ter que construir um ninho, chocar os ovos e alimentar os

filhotes. Só quer vida livre, e os tico-
-ticos que aguentem o tranco!

Mas isso não é o pior. Correm os dias e nascem as crias. No ninho, começam a conviver pequenos tico-ticos e o ainda pequenino chupim. A mãe tico-tico, numa azáfama incansável, vai levando comida para aqueles quatro ou cinco biquinhos abertos. Passam-se mais uns dias, e o filhote de chupim já cresceu. Logo vai crescendo mais, ocupa quase todo o ninho, lá mal cabem todos. Até que, numa manhã, descobre-se com o coração cortado o gordo filhote de chupim refestelado no ninho e, no chão, mortos ou agonizantes, os filhos legítimos do tico-tico, que foram sendo empurrados para fora porque o chupim precisava do espaço inteiro do ninho.

A imagem do chupim não é nada obscura, parece-me, quando aplicada aos conflitos do lar. Porque o chupim é um símbolo claríssimo do egoísmo na vida familiar. Em casa e fora dela, se as pessoas não dominam a tendência para o egoísmo e o comodismo que todos trazemos dentro, esses defeitos vão crescendo cada vez mais e, gordos como o chupim, acabam por repelir ou machucar seriamente os outros. Convençamo-nos de que não é só com a agressão, a ofensa, a irritação, a crítica e a prepotência que se criam conflitos familiares. Muitos, muitíssimos deles, são fruto da hipertrofia do comodismo egoísta.

Na sua *Carta às famílias*, João Paulo II convida-nos a perguntar-nos se o egoísmo que, como diz, «se esconde inclusive no amor», não acaba por ser «mais forte do que este amor»[3].

Vamos agora fazer-nos essa pergunta, ao mesmo tempo que procuramos identificar manifestações de egoísmo e comodismo que não raro grassam na vida familiar.

Casos da vida real

Contemplemos, para começar, uma mãe enervada mal começa a manhã. Uma hora depois, vemo-la ainda mais enervada. No fim do dia, já a contemplamos com os nervos em frangalhos. Que houve com ela?

Podem ter-se acumulado várias contrariedades inesperadas, que a deixaram reduzida a um feixe de nervos. Mas pode muito bem dar-se o caso de não ter havido nenhuma surpresa desagradável. Simplesmente, houve, pela centésima vez, a constatação amarga de que — apesar das súplicas e reclamações dela — os filhos continuam a praticar um descarado desleixo nas coisas de uso pessoal e nas coisas do lar, desmazelo que se traduz em desconforto para todos e em trabalho multiplicado para a mãe. E, como se isso fosse pouco, ainda por cima sentem-se agredidos pelas recriminações, mais do que justas, da mãe: «Ela anda tão nervosa! Está insuportável!»

Esses meninos e meninas, não só não têm razão, como deveriam compreender que o problema *são* eles, que — com a sua bagunça — infernizam a vida do lar. Precisariam é de ter ordem e acabar com essa história egoísta de largar nas mãos da mãe a arrumação de tudo quanto eles, por mole comodismo, vão desarrumando por onde quer que passem.

Volta e meia, um orientador espiritual que cuide da formação cristã de estudantes, escuta o seguinte comentário de alguma mocinha, num linguajar hoje já consagrado: «Ai, padre, o meu quarto, o meu guarda-roupa, o meu armário estão uma *zona*!» Se lhe pergunta: «Você arruma todos os dias a sua cama?», responderá, com o ar mais natural do mundo: «Não, nunca arrumo». «Então, quem é que o faz?» «Ah! Minha mãe, ou a empregada, *lógico*». Nem sempre é inútil lembrar a essas meninas (podem ter entre 12 e 25 anos) que o que elas fazem, de lógico não tem nada, e, pelo contrário, tem tudo de moleza egoísta.

Passemos ao quarto do menino (colegial ou universitário). Para avançar meio metro, é preciso abrir uma picada entre objetos diversíssimos espalhados pelo chão: desde revistas de futebol e outras bem menos esportivas, passando por tênis sujos, até camisetas suadas, um bermudão largado com ar de defunto, três livros desencadernados e várias folhas de bloco rasgadas, pedaços de aparelhos eletrônicos, dois chicletes mascados, um regulador de tensão com um fio solto e descascado, o travesseiro amolgado num canto e mais outros espécimes da mais selvagem desordem.

Isso é tudo? Não. Está o som. Um enorme aparelho, ligado à máxima potência, ensurdece os moradores dos dez apartamentos mais próximos e enlouquece os do próprio lar. Mas, se o pai ou a mãe reclamam de tamanha desordem e tão desaforado estrondo, o moço roqueiro, agitando o brinco e o rabo de cavalo, reclamará da falta «absoluta» de compreensão dos velhos, que já não dá mais para aturar.

Depois, o menino e a menina não hesitarão em passar horas e horas grudados à televisão, na posição definitória do tipo de caráter que possuem: deitados no chão como seres invertebrados, esparramados num sofá, com a moleza gelatinosa de quem desconhece totalmente o que é a posição vertical. As idas e vindas da mãe, cansada de tanta labuta, com a louça na pia à espera de uma mão que a ajude a lavar, com a mesa por arrumar, a roupa por passar, etc. etc., tudo isso, serão coisas que o egoísmo comodista das «crianças» nem perceberá. E irão embora da sala, de alma lavada, enquanto deixam o televisor ligado, a luz acesa, e — atravancando a passagem — uns patins, uma mochila e uma garrafa de Coca-Cola meio vazia sobre o tapete.

O rapaz ou a moça pensam que lá em casa não os compreendem, e não percebem que eles é que são a imagem perfeita do chupim. Por maldade? Não. Por preguiça, pelo mais gordurento egoísmo. Primeiro *eu*, depois *eu* e sempre *eu*.

Acontece que também as mães...

Mas será que a mãe é sempre a vítima? Devemos dizer que nem sempre, para sermos justos e objetivos. Quantos lares se vão tornando insuportáveis, irrespiráveis, porque a mulher, desde que acorda até que vai dormir, não para de reclamar, de queixar-se, de gemer, de tocar o seu chorinho insofrível de cavaquinho desafinado. Há mulheres que se parecem com uma emissora de rádio em permanente vigília de informação: não se passam quinze minutos sem que «transmitam» a todos os que estão em casa as notícias detalhadas do que lhes dói (fígado, cabeça, costas, rins, ombro), das suas horríveis insônias, das doenças que estão acabando com elas, das indizíveis contrariedades e das pessoas desconsideradas que têm de suportar... E, quando o marido pede: «Pare com isso, já chega de gemer», a «vítima profissional», que no fundo passa o dia pensando em si mesma, reage com o grito da mártir trucidada pela incompreensão daqueles pelos quais não para de sacrificar-se.

Vamos continuar falando das mazelas das mães? Só um pouquinho, e pedindo-lhes desculpas, porque, no mais íntimo de nós, pensamos que elas são figuras adoráveis, que merecem toda a ternura e agradecimento do nosso coração. Porém... Há alguns pequenos poréns, não muitos.

É. Existe um tipo de egoísmo que tem muito a ver com o consumismo, e que leva a mulher à compulsão incontrolável de gastar. Diante dos balcões do supermercado ou das vitrines do shopping, um pano preto lhe tapa de repente a sensatez, ao mesmo tempo que uma luz cintilante lhe sobe aos olhos: quase tudo o que está ali fica sendo, subitamente, «necessário», ou «muito útil», ou «uma ocasião que não se pode perder». Será preciso dizer que, em decorrência disso, pipocam os problemas de cheques sem fundos, de cartões de crédito estourados e de falta de caixa no fim do mês? Será necessário lembrar que esse descontrole cego nos gastos é uma das maiores causas de brigas familiares? Alguém já adivinhou por que muitos maridos têm, entre as amigas da esposa, a negra e injusta fama de avarentos?

Ainda poderíamos mencionar a deterioração do ambiente do lar — por vezes tremenda, e até fatal — causada pelas mulheres desleixadas, descuidadas na limpeza, no vestuário, na ordem da casa, nos horários das refeições. Ou, o que é o pior, péssimas «chefes de cozinha» — sem sinais de querer aprender e corrigir-se —, que torturam marido e filhos com comidas monótonas e intragáveis.

Mas peçamos perdão às mães..., e viremos a folha.

A hora e a vez dos maridos

Também os honestos pais de família deveriam enfiar humildemente a carapuça e fazer um exame de consciência, perguntando-se: «A irritabilidade, o mal-estar, as brigas que há lá em casa, são devidas apenas ao temperamento, às manias e às implicâncias da mulher, à irresponsabilidade e às rebeldias malcriadas dos filhos? Não será que eu, com o "meu" comodismo egoísta, não tenho também uma elevada cota de culpa na deterioração da paz familiar?» Em noventa por cento dos casos, a resposta sincera a essa pergunta deverá ser: «Sim». E, após a resposta, convirá fazer um exame de consciência para desmascarar o comodismo.

É muito cômodo, por exemplo, regressar a casa após um dia de trabalho com a consciência de que «agora chegou a hora merecida de descansar». O pai entra no lar. A carranca de «fatigado profissional» não convida muito a pedir--lhe coisa alguma ou a contar com ele para nada. Entrincheira-se na poltrona, por trás de um jornal, ou com os olhos perdidos no televisor, se não vai para o micro e começa a navegar na Internet com a mesma avidez com que um garoto mergulha no último jogo eletrônico japonês. Não escuta o que lhe dizem. Solta um grunhido quando a mulher vai contar-lhe as tribulações do dia. Esquece-se de que ela tem uma necessidade louca de desabafar, de ser compreendida, que precisaria de que o marido a convidasse a dar uma voltinha, a conversar, a arejar-se, a ir ao cinema ou a pegar um teatro interessante.

Pior ainda quando esse «direito de descansar» consiste em apanhar garrafa e copo e iniciar no sábado, à hora do almoço, a série de aperitivos que já se sabe como vão terminar: com brigas e lágrimas da mulher, com cenas traumatizantes para todos, por vezes violentas; com angústia e desprezo por parte dos filhos (como me doeu na alma ouvir de uma boa menina, com vozinha aflita: — «Sabe, padre, o meu pai não presta, ele bebe»!). O «profissional fatigado» bebe, vai cambaleante para a cama, onde passará, no mínimo, uma tarde inteira dormindo a sesta etílica. Depois, com ressaca e tontura, acabará de matar o fim de semana, sem diálogo, sem passeio, sem carinho e sem alegria. O quadro — reconheço — é carregado, mas reconheça também o leitor que não é totalmente irreal.

Mais suave, mas não menos perturbador, é o caso do marido que não pode prescindir de bater bola, mas pode prescindir de dedicar-se à mulher e aos filhos. Acabado o jogo, diz ter necessidade de hidratar-se com uma cervejinha (ponham-se de cinco a sete garrafas), o que o leva também à sesta reparadora e a uns resultados muito parecidos com o do caso anterior.

O egoísmo, às vezes, chega a ser tamanho, que a mulher percebe que o marido não a considera senão como um objeto utilitário e um meio de prazer. Ela garante mesa, roupa limpa, crianças cuidadas, cama e satisfação do apetite sexual. O sultão deixa-se cuidar, exigente e mal-humorado. Só fica carinhoso e amável quando quer sexo, e então a mulher — com toda a razão — se arrasa toda por dentro, porque se sabe e se sente simplesmente usada, não amada.

Não será sanha excessiva mencionar ainda mais um tipo de egoísmo masculino bem comum? Para suavizar, falaremos dele literariamente. Tolstói descreve-o muito bem na famosa novela *A morte de Ivan Ilitch*. O magistrado que protagoniza a história percebe, após o nascimento do primeiro filho, que a esposa se está tornando azeda, exigente e rabugenta. Não lhe ocorre perguntar-se como compreendê-la e ajudá-la, mas como livrar-se o mais possível das irritações dela (naquela época, o divórcio ainda não era moeda corrente).

«À medida que aumentavam a irascibilidade e as exigências da mulher — escreve Tolstói —, Ivan Ilitch ia transportando o centro de gravidade da sua vida para o trabalho [...]. Exigia da vida familiar tão só as comodidades que esta podia dar-lhe [...]. Se tropeçava com alguma resistência ou mau-humor, imediatamente seguia para o seu mundo particular, o do serviço, em que se achava à vontade [...]. Todo o interesse da sua vida se concentrava no mundo do serviço. E esse interesse o absorvia por inteiro»[4]. Não parece necessário acrescentar mais nada: essa fuga do lar, refugiando-se no trabalho, é tão atual neste século como no passado.

E, com isto, encerramos a primeira parte desta obra. Como é lógico, uma descida aos porões nunca é muito agradável, sobretudo se os porões são sombrios, como os que acabamos de visitar. Mas, como essa visita foi apenas um passo prévio para subir aos cimos, vamos guardar, de tudo o que vimos até aqui, um pensamento muito claro. Tanto o orgulho como o egoísmo comodista coincidem num ponto essencial: no culto ao «eu», na colocação do «eu» como centro da vida familiar. E, quando isso acontece, a paz familiar torna-se impossível. Esta constatação servir-nos-á de pista de decolagem para a segunda parte, em que procuraremos ganhar altura e adquirir uma perspectiva cristã sobre a vida familiar.

A FAMÍLIA EM PERSPECTIVA

Egoísmo e realização

Como acabamos de ver, o egoísmo é o rumo errado da família. Sob a tirania do «eu», a paz familiar torna-se impossível.

À primeira vista, essa afirmação parece óbvia, sobretudo depois de termos contemplado os efeitos devastadores do egoísmo no lar. No entanto, para muitas pessoas, não parece tão óbvia assim.

Por que o egoísmo haveria de ser o rumo errado do casamento e da família? É um fato incontestável que um número elevadíssimo de pessoas julga hoje, *na prática*, que o egoísmo não só não é errado, como é e deve ser o rumo natural da vida familiar e da vida em geral. Só que, em vez de falarem em *egoísmo*, falam em *realização*. Detestam a palavra *egoísmo* e adoram a palavra *realização*. Há, porém, um pequeno detalhe: dentro da sua filosofia de vida, egoísmo e realização significam exatamente a mesma coisa.

Para a maioria das pessoas, com efeito, o casamento, a família — algum tipo de família —, faz parte importante do seu programa de realização pessoal. É natural que os jovens pensem no futuro e planejem o que julgam que os poderá «realizar», trazendo-lhes bem-estar, crescimento, autoestima e felicidade. Propõem-se, para isso, umas metas profissionais, e também a meta de um amor humano, da constituição de uma família que encarne os seus sonhos e aspirações.

Até aqui, não há nada a objetar. Acontece, contudo, que esses rapazes e moças — sem nem darem por isso — situam a família dentro de um programa de realização pessoal que está *viciado* na sua própria raiz pela mentalidade materialista, característica do mundo atual.

Cada vez mais, o mundo desliza para uma civilização *utilitarista* e *hedonista*, que entende a realização do indivíduo como o máximo acúmulo de benefícios úteis e de prazeres, com a mínima despesa possível de renúncias e sacrifícios; um mundo em que o relacionamento com as outras pessoas visa, principalmente, o «proveito» e o «prazer» pessoal; em suma, um mundo em que o relacionamento interpessoal tem a forma, o peso e a medida do interesse individual.

O «utilitarismo hedonista», conhecido vulgarmente com o nome de «direito-de-ser-feliz», acaba, então, por justificar tudo: larga-se abruptamente o marido ou a mulher, quando manter-se fiel «custa»; parte-se facilmente para uma nova união, à caça da felicidade (de «sentir-se bem», de encontrar-se «a si mesmo»), ainda que, com isso, se deixem os filhos privados de um verdadeiro lar e machucados com traumas irreversíveis; ou, então, foge-se do sacrifício de ter que criá-los, como faz o chupim, pelo simples sistema de não tê-los ou de matá-los no ventre materno quando, ainda dentro dele, começam a incomodar.

No meio desse radical egoísmo, subsiste, contudo, em muitos casos o desejo de ter uma família..., mas só na medida em que for útil para a realização pessoal; subsiste o desejo de ter filhos, mas somente *se* isso dá gosto aos pais; e o de não tê-los — este é bem mais frequente —, se há o receio de que perturbem as ascensões profissionais (especialmente a «realização independente» da mulher), ou o lazer, ou as viagens internacionais, ou a posse e consumo de mais bens materiais. Com que pena ouvia eu, recentemente, o que me contava um rapaz recém-casado, entusiasmado com a ideia de ter logo um filho. Uma jovem vizinha de apartamento, recém-casada também, ao saber do seu entusiasmo, fez um trejeito de nojo e comentou: «Filhos? Nunca! Só "enchem"!»

Três desvios e um brado de alerta

Se pensarmos bem, perceberemos que esses egoístas procuram a paz e a felicidade por três vias tortas — desvios e não caminhos —, que não podem proporcionar a paz simplesmente porque são uma radical inversão dos valores, porque são uma «desordem», no sentido mais profundo dessa palavra.

Lembremo-nos de que a paz, como dizia Santo Agostinho, é a *tranquilidade na ordem*. A paz, com efeito, vem da harmonia, da ordem equilibrada e certa, quer no interior do ser humano, quer nas suas relações com Deus e com o próximo: da ordem dos valores, dos amores, dos deveres, da ordem entre o que é apenas um meio e o que é um fim, entre o que tem valor absoluto e o que tem valor relativo, entre o que é eterno e o que é transitório.

Pois bem, a verdadeira ordem «humana» postula três coisas: colocar o amor acima do prazer, o dever moral acima do gosto pessoal, e Deus e o próximo acima dos interesses mesquinhos do «eu». A sociedade utilitarista e hedonista, no entanto, preconiza o contrário: apregoa que deve colocar-se *o prazer acima do amor, o gosto acima do dever moral, e o «eu» acima de Deus e dos outros*. Nesse quadro de valores invertidos, a paz da alma, que precisa do ar saudável da ordem para subsistir, não acha como respirar e se extingue. São muito ilustrativas as biografias de grandes desfrutadores (gente famosa na tela dos cinemas e das televisões, e nos cadernos especiais dos jornais e revistas), que — após terem feito a experiência de seis, sete ou mais casamentos, todos esfrangalhados — acabam procurando em vão nas drogas ou no álcool a paz que destruíram com o seu egoísmo.

É natural que, em face dessa civilização do interesse e da fruição, o Papa João Paulo II erga a sua voz — como um brado de alerta e de esperança — em defesa da «civilização do amor». O diagnóstico que faz na sua *Carta às famílias* é de uma lucidez transparente: «O *utilitarismo* é uma civilização da produção e do desfrutamento, uma civilização das "coisas" e não das "pessoas"; uma civilização em que as pessoas se usam como se usam as coisas. No contexto da civilização do desfrutamento, a mulher pode tornar-se para o homem um objeto, os filhos um obstáculo para os pais, a família uma instituição embaraçosa para a liberdade dos membros que a compõem [...]. Na base do utilitarismo ético, está, como se sabe, a procura desenfreada do "máximo" de felicidade: mas de uma *felicidade utilitarista*, vista apenas como prazer, como imediata satisfação e vantagem exclusiva do próprio indivíduo, fora das exigências objetivas do verdadeiro bem ou mesmo contra elas»[5].

Uma sociedade humana?

Na sua segunda visita ao Brasil, João Paulo II teve, no dia 17 de outubro de 1991, um encontro com o laicato católico em Campo Grande. Falou-lhes da família e, entre outras coisas, dizia-lhes: «Não percais nunca a consciência de que, do fortalecimento e da santidade da família, depende a inteira saúde do corpo social, pois a família, por desígnio de Deus, é e será sempre a "célula primeira e vital da sociedade"»[6].

Uma sociedade sadia é um «organismo» formado por famílias sadias. A paz e o bem do mundo, em grande parte, são o reflexo da paz e do bem das famílias. E o contrário também é verdade: muitas famílias sem paz dão como resultado um mundo inquieto, desconjuntado e agressivo, um mundo sem paz.

Por isso, presta-se um imenso desserviço à sociedade quando, deixando a família na sombra, se apresenta o bem social, simplesmente, como a soma dos bens particulares dos indivíduos. O *indivíduo* seria, assim, a única coisa que interessaria. Não se pensa que o indivíduo deva pôr-se a serviço do bem comum, a começar pelo bem da família, mas julga-se que a família é que tem de ficar subordinada ao bem-estar do indivíduo: se a família serve para a sua «realização», bem; se não serve, ele a quebra, como um palito usado, e a joga fora.

Muitos não reparam na medonha falsificação que há nessa mentalidade. A sociedade não é, absolutamente, uma somatória de indivíduos, um agregado de sujeitos isolados, sem outra relação entre eles que os acordos que consigam fazer para conjugar os seus egoísmos.

A sociedade «humana» não existe sem a família, que é o ambiente natural e sadio de onde surge o «homem humano» de que falava Guimarães Rosa. A sociedade só é «sociedade» na medida em que é uma *constelação de famílias*, da mesma maneira que um organismo sadio é uma união de órgãos e células sãos. Por isso, o bem da família, a proteção à família, é um dos deveres mais graves — se não o mais grave — dos governantes e dos responsáveis pela formação da opinião pública. Todos os atentados ideológicos ou práticos contra a família e contra os valores familiares são uma traição à dignidade da pessoa humana e um crime contra a sociedade.

Ninguém ignora que essa traição está sendo praticada com febril insistência e agressividade. Mediante uma orquestração sistemática dos meios de comunicação social, a família é bombardeada, ridicularizada, «cafonizada», vista ironicamente como uma espécie em extinção, como instituição obsoleta, inimiga das liberdades individuais, do progresso, da mentalidade moderna, da necessária libertação de tabus. Basta ligar a maior parte das telenovelas, visitar uma videoteca, folhear jornais de grande circulação e revistas de todo o tipo, para achar diariamente a apologia do sexo livre hedonista (homossexual ou heterossexual, praticado por adultos, por adolescentes e por crianças convenientemente «educadas» pelas sexologias oficiais), da aventura descomprometida, da separação por motivos fúteis, da deslealdade justificada pelo simples prazer, do aborto e de tantos otros dinamitadores do bem da família.

E os poderes públicos? E os legisladores? Uns silenciam, outros vão na onda daquilo que os meios de comunicação, manipulando falsamente os dados, apresentam como opinião da maioria; e, pouco a pouco, vão-se abrindo fendas profundíssimas, vão-se acobertando aberrações, vão-se escancarando legalmente portas para sistemas de vida demolidores da família.

Cordas arrebentadas

Por que são cada vez mais frequentes os casamentos meteóricos, que não chegam a durar um ano ou dois e, por vezes, nem sequer uns poucos meses? É pura e simplesmente porque o «egoísmo utilitarista» predominante arrebentou as boas *cordas* do coração de jovens e menos jovens, deixando só as *cordas* mais desafinadas, aquelas que — vibradas pelo orgulho e pelo comodismo — tocam a música monótona que canta: «Direito, direito, eu tenho direito! Tenho o direito de ser feliz, tenho o direito de que as coisas sejam a meu gosto, tenho o direito de não sofrer, de não ter que aguentar!»

Por isso, ante a menor contrariedade, as cordas do hedonista chiam, irritadas: «Ela perturba-me! Não me faz feliz!», «Ele não quer que eu faça as coisas do meu jeito, pisa na minha independência! Ele — ou ela — dá trabalho, exige sacrifício, ousa solicitar renúncias! Não é o que esperava quando me casei! Ele, ela, não me dá, não me "proporciona", não me "abastece", não "alimenta" as minhas vontades, não me permite "consumir" o tipo de satisfações que o meu apetite voraz anseia!»

É natural que as famílias constituídas por pessoas assim, incapazes de amar, incapazes de dar, carentes de toda a generosidade, vão caindo uma após outra, ao primeiro vento contrário, como as folhas no outono. Essa incapacidade de ser fiel, que muitos meios de comunicação apresentam como *liberdade*, na realidade é uma *atrofia* que inabilita para amar: um «autismo» moral, que é a doença típica do homem e da mulher que se autoproclamam «avançados», «modernos», mas que estão vazios de tudo, exceto de si mesmos.

Situação ou vocação

É inútil tentar resolver essa «incapacidade de fazer família» com panos quentes: assessoramento psiquiátrico (fora de casos patológicos), aprendizado das dez «técnicas» de convívio feliz publicadas — com a costumeira superficialidade — pelas revistas do coração.

A solução, a única solução, está em algo de muito mais profundo. Não há, em muitos rapazes e moças, capacidade de «fazer família», porque se perdeu a noção do que «é a família». Não há capacidade de criar amor familiar, porque se perdeu a noção do verdadeiro amor. Não há capacidade de conseguir, no lar, um clima de bondade, paciência, serenidade, alegria, caridade e paz, porque todos esses valores positivos são virtudes ou fruto das virtudes e, hoje, a maioria das pessoas, em vez de aprenderem virtudes, passam os anos a aprender interesses e conveniências. Entram, assim, nas lutas da vida como um combatente moralmente desarmado.

Que é, afinal, a família? Hoje, mais do que nunca, é preciso fazer ressoar, com a força de uma verdade jubilosa e de um apelo premente, que o casamento e a família não são uma *situação*, nem uma *solução*, mas uma *vocação* e uma *missão*.

Uma situação. Uma solução. É assim que muitos dos que ainda concedem algum papel ao casamento e à família costumam considerá-los. «Eu — pensam eles — situo-me profissionalmente, situo-me familiarmente, e tento manter nos dois campos, enquanto for conveniente para mim, a *situação* que, no momento, vejo como a *solução* mais conveniente».

A família não é isso. É algo muito maior. Para compreendê-la, escutemos uma das vozes que têm proclamado com maior clareza o sentido divino, cristão, do casamento e da família. Refiro-me a São Josemaria Escrivá. Contemplando ele, sob o foco luminoso da fé, o sentido da existência humana, dizia: «Para que estamos no mundo? Para amar a Deus com todo o nosso coração e com toda a nossa alma, e para estender esse amor a todas as criaturas [...]. Deus não deixa nenhuma alma abandonada a um destino cego; para todas tem um desígnio, a todas chama com uma vocação pessoalíssima, intransferível». Também «o matrimônio é caminho divino, é vocação»[7].

Esta afirmação categórica — «o matrimônio é vocação» — feita por Mons. Escrivá já desde os começos dos anos trinta, surpreendia e desconcertava, de início, os seus ouvintes. Depois, quando penetravam nessa verdade e lhe descobriam as consequências, deslumbrava-os e rasgava-lhes empolgantes horizontes de vida.

«Há quase quarenta anos — dizia o Bem-aventurado, em 1968 — que venho pregando o sentido vocacional do matrimônio. Que olhos cheios de luz vi mais de uma vez quando — julgando eles e elas incompatíveis na sua vida a entrega a Deus e um amor humano nobre e limpo — me ouviam dizer que o matrimônio é um caminho divino na terra!»

Se o matrimônio é uma vocação, quer dizer que é uma *chamada de Deus* para «algo», ou seja, que é um apelo divino para o cumprimento de uma *missão*. Ilustrando essa verdade, na mesma ocasião, o Beato Josemaria continuava a dizer: «O matrimônio existe para que aqueles que o contraem se santifiquem nele e santifiquem através dele: para isso os cônjuges têm uma graça especial, conferida pelo sacramento instituído por Jesus Cristo. Quem é chamado ao estado matrimonial encontra nesse estado — com a graça de Deus — tudo o que necessita para ser santo, para se identificar cada dia mais com Jesus Cristo e para levar ao Senhor as pessoas com quem convive.

«Por isso penso sempre com esperança e com carinho nos lares cristãos, em todas as famílias que brotaram do Sacramento do Matrimônio, que são testemunhos luminosos desse grande mistério divino — *Sacramentum magnum!* (Ef 5, 32), sacramento grande — da união e do amor entre Cristo e a sua Igreja. Devemos trabalhar para que essas células cristãs da sociedade nasçam e se desenvolvam com ânsia de santidade [...]. Os esposos cristãos devem ter consciência de que são chamados a santificar-se santificando, de que são chamados a ser apóstolos, e de que o seu primeiro apostolado está no lar. Devem compreender a obra sobrenatural que supõe a fundação de uma família, a educação dos filhos, a irradiação cristã na sociedade. Desta consciência da própria missão dependem, em grande parte, a eficácia e o êxito da sua vida: a sua felicidade»[8].

Vocação divina, vocação de amor

«Compreender a obra sobrenatural que supõe a fundação de uma família», ter «consciência da própria missão».

Para muitas moças e rapazes, frases como as que acabamos de ler devem parecer-lhes belas palavras ou sonhos irreais. E, no entanto, desses ideais sobre o casamento e a família, que eles ainda não entendem, «dependem, em grande parte, a eficácia e o êxito da sua vida: a sua felicidade».

O casamento e a família, como qualquer outra *vocação*, significam para um cristão um chamamento pessoal de Cristo, um apelo para segui-Lo.

Se alguém quiser vir após mim — diz Jesus Cristo —, *renuncie a si mesmo, tome a sua cruz e siga-me* (Mt 16, 24). Estamos nos antípodas do utilitarismo egoísta. Em vez de dizer: «Procure-se a si mesmo, realize-se a si mesmo», diz-nos: «Não pense em si, doe-se generosamente».

Esse apelo à renúncia e ao esquecimento próprio não é, absolutamente, uma tristonha anulação da personalidade, nem um abafamento da alegria de viver. É exatamente o contrário: as palavras de Cristo estão a mostrar-nos o rosto do amor. E o amor é a seiva vivificante da família.

Será preciso lembrar que o amor cristão se formula assim: *Amai-vos uns aos outros como Eu vos amei* (Jo 13, 34)? Será que há alguma dúvida sobre como Ele, Cristo, nos amou? *Ninguém tem maior amor do que aquele que dá a vida pelos seus amigos* (Jo 15, 13).

Com Cristo, um amor inédito entrou no mundo, um amor que o mundo pagão desconhecia totalmente. Era um amor à medida do Amor de Deus, que os cristãos designaram com uma palavra nova: «agápe», em grego; «caritas» — caridade —, em latim. Era um amor à imagem e semelhança do amor de Cristo.

O que fizemos desse amor? No mundo de hoje, é preciso reaprendê-lo; é urgente — para todos, mas especialmente para os jovens — redescobrir a beleza inefável do Amor com maiúscula, *que vem de Deus* (1 Jo 44, 7). A nossa alma tem uma necessidade vital de experimentar o deslumbramento feliz de São João, quando exclamava: *Nisto conhecemos o amor: em que Jesus deu a sua vida por nós, e também nós devemos dar a vida pelos nossos irmãos* (1 Jo 3, 16). Desse João Apóstolo que, com quase cem anos de idade, acrescentava, extasiado: *Nós conhecemos o amor de Deus e acreditamos nele!... Se Deus nos amou assim, também nós nos devemos amar-nos uns aos outros* (1 Jo 4, 11.16).

Não duvidemos: é aí, e somente aí, nas profundezas do amor cristão, que finca as suas raízes a paz familiar.

A sabedoria de São Tomás

Antes de terminar esta panorâmica — «a família em perspectiva» —, talvez valha a pena acrescentar ainda, como complemento útil, umas breves reflexões. São considerações que procedem de boa fonte, de São Tomás de Aquino.

Na sua *Suma Teológica*, a certa altura, o santo doutor, na esteira de Aristóteles, formula várias perguntas sobre o amor e — como se estivesse a dizer a coisa mais óbvia do mundo — escreve que há dois tipos de amor:

Um é o que chama *amor de concupiscência* (que não significa só o amor sexual, pois a palavra latina *concupiscentia* designa os desejos em geral). Dá-se esse amor quando «em vez de querer o bem de quem amamos, queremos que ele seja um bem para nós, como quando dizemos que amamos o vinho ou um cavalo...» São Tomás parece brincar, mas fala com a maior seriedade. Não sei se o que vou dizer não será rude demais, mas creio que o amante egoísta, descrito nas páginas anteriores, encara a esposa — ou o marido, ou os filhos, ou os pais — com a mesma mentalidade com que degusta um vinho ou experimenta o trote de um cavalo.

O outro tipo de amor — acrescenta São Tomás — é o que se chama *amor de amizade*. «Não é — diz — um amor qualquer, mas o amor que possui a benevolência, isto é, o amor que existe quando amamos alguém de tal maneira que queremos o seu bem»[9].

Pronto. Poucas palavras para enormes verdades. Há um amor que busca só o bem e o interesse próprios. Há outro amor que busca e trabalha pelo bem da pessoa amada. Este último — amor de amizade —, vivificado pela capacidade de querer que nos infunde o Espírito Santo (cf. Rom 5, 5), é o amor cristão. E é só com esse tipo de amor que se faz, de verdade, família e nela se consegue a paz.

Enquanto escrevo estas últimas linhas, vem-me ao pensamento — e comove-me novamente — a lembrança de um casal amigo, excelentes pessoas, unidas e fiéis após longos anos de convívio. Com uma lucidez plácida e simples, o marido, bom cristão, dizia-me:

«O senhor sabe? Depois de tantos anos, cheguei à conclusão de que o amor entre marido e mulher só é amor mesmo quando os dois se tornam amigos, quando são dois bons amigos. O verdadeiro amor é amizade».

E, com isto, finalizamos a nossa digressão sobre a «família em perspectiva». As considerações gerais que acabamos de fazer serão o ponto de partida para as que faremos a seguir comentando atitudes e gestos concretos que, brotando do amor, podem construir a paz familiar.

CONSTRUIR A PAZ FAMILIAR

Um combate pela paz

Na introdução a estas páginas, transcrevíamos umas palavras de São Paulo que põem à mostra — dizíamos ali — as *cordas da paz*. Vamos agora rever e meditar com calma esse texto, que nos pode ajudar a encontrar os *caminhos da paz* (cf. Lc 1, 79) pelos quais Deus quer que andemos.

Como eleitos de Deus, santos e amados, revesti-vos de entranhada misericórdia, de bondade, humildade, mansidão, paciência. Suportai-vos uns aos outros e perdoai-vos mutuamente, se um tiver contra outro motivo de queixa. Como o

Senhor vos perdoou, assim perdoai também vós. Mas, acima de tudo, revesti-vos do amor, que é o vínculo da perfeição. Triunfe em vossos corações a paz de Cristo, para a qual fostes chamados a formar um único corpo. E sede agradecidos (Cl 3, 12-15).

Relendo essas linhas, facilmente podemos observar nelas quatro ideias claras:

Primeira: São Paulo quer mostrar o caminho para que a paz «triunfe nos corações». Reparemos que ele não diz: para que a paz «surja», «permaneça» ou se «assente» em vossos corações, mas para que «*triunfe* em vossos corações». E é que a paz da alma — que transborda em paz para os outros — é sempre «consequência da guerra»; é uma conquista, resultante — como dizia Mons. Escrivá — de uma luta íntima «contra tudo o que na vida não for de Deus: contra a soberba, a sensualidade, o egoísmo, a superficialidade, a estreiteza de coração»[10].

Segunda ideia: essa luta trava-se praticando virtudes concretas, não bastando sentimentos e boas vontades: é preciso exercitar a misericórdia, a bondade, a doçura, a mansidão, a paciência, o perdão.

Terceira ideia: essas virtudes constituem uma força eficaz, apta para produzir a paz, só quando estão bem amarradas, como um feixe, pela caridade (pelo amor à medida do amor de Cristo), formando assim um conjunto firme e coeso. Este é exatamente o significado da expressão: *o amor é o vínculo da perfeição*.

Quarta ideia: essa luta pela paz — e concretamente pela paz na família — é um dever que decorre da nossa vocação. Por isso São Paulo começa esse parágrafo afirmando que devemos exercitar as virtudes que levam à paz justamente por sermos *eleitos de Deus, santos* — chamados à santidade — *e amados*.

Após este olhar geral sobre as palavras de São Paulo, vamos agora ativar o *zoom* e fazer uma aproximação das virtudes mencionadas por ele, juntamente com outras que lhes são conexas.

Uma entranhada misericórdia

Que quer dizer *misericórdia* na família? Entenderemos bem essa virtude, se nos lembramos de que a misericórdia do cristão deve imitar a misericórdia de Deus: *Sede misericordiosos como vosso Pai é misericordioso* (Lc 6, 36).

Deus é misericordioso porque vê as nossas misérias — por dizê-lo de um modo humano — «com coração». A palavra misericórdia significa, com efeito, «miséria» que toca o «coração». Quer isto dizer que Deus olha para os nossos pecados, os nossos defeitos, as nossas ofensas — que não pode aprovar —, não com a dureza de um justiceiro, mas com um olhar compreensivo, compassivo e sempre predisposto ao perdão.

A pessoa misericordiosa sabe «olhar com coração». Mas não fica só nisso. «O verdadeiro significado da misericórdia — diz João Paulo II — não consiste apenas no olhar, por mais penetrante e cheio de compaixão que seja, com que se encara o mal moral, físico ou material. A misericórdia manifesta-se com a sua fisionomia verdadeira e própria quando reavalia, promove e sabe tirar o bem de todas as formas de mal existentes no mundo e no homem». A misericórdia — acrescenta — é um amor «que não se deixa "vencer pelo mal", mas "vence o mal com o bem" (cf. Rm 12, 21)»[11].

Retenhamos bem essas ideias: a virtude da misericórdia começa por «olhar» o outro, por «vê-lo» com um olhar «penetrante» e «cheio de compaixão»; e completa-se quando, a partir desse olhar compreensivo, nos esforçamos por tirar um bem do mal que vemos nos outros. Duas atitudes que, por si sós, já seriam um excelente programa para a paz da família. Mas bem poucos as conseguem viver na prática.

A imagem ideal e a imagem real

Muitos, sem nem darem por isso, fazem dos outros e, concretamente das pessoas da família, como um espelho de si mesmos. Encaram a mulher, o marido, os filhos, como espelhos em que gostariam de ver-se refletidos: sempre lhes agradaria contemplar neles os seus gostos, os seus desejos, os seus sonhos. Os outros só são estimados como projeção de si mesmos.

É preciso virar cento e oitenta graus esse espelho, é preciso abrir o coração e fazer o que, com expressão feliz, Gustavo Corção chamava «a descoberta do outro».

«O marido, cheio de razões — escreve esse autor —, não admite que a mulher fale de certo modo, tenha tal tique ou qual mania. Que a sua maneira de andar, de partir o pão, de atender o telefone, seja a sua maneira. O confronto diário, entra ano sai ano, é insuportável para cada cônjuge [...]. Cada um se procura a si mesmo na face que lhe fica em frente e, nos dias piores, fica desvairado, atormentado, enlouquecido, como homem que visse no seu espelho uma imagem absurda, diferente da sua, a fazer gestos disparatados e femininos».

Nesse clima de autoprocura, continua a dizer Corção, as pessoas «são coisas de mim mesmo que circulam fora de mim para melhor me servir. O eu fica no centro de um universo escuro, em volta estão os corpos tributários: este traz-me o café, aquele a carícia».

Para quebrar esse curto-circuito perverso, é necessário fazer a «descoberta do outro». A descoberta de que o marido, a mulher, os filhos, são o «outro», que deve ser compreendido e amado por si mesmo. A caridade cristã leva, então, a ver nos outros membros da família o *próximo*, «esse que amaremos como a nós mesmos [...]. Vivemos esbarrando no próximo, porque não nos ocorre, na espessura da nossa escuridão, que ele tenha direito à objetividade, que seja o outro»[12].

Sim. Como custa entender que o cônjuge, ou o filho, ou a filha, ou os pais, sejam «eles»! No entanto, esse olhar compreensivo é o primeiro passo do entendimento, da paz, do amor.

Na realidade, qual é a causa mais *profunda* das desavenças, das brigas, dos maus humores, dos desentendimentos familiares? É que temos uma «imagem ideal» da pessoa (o que desejaríamos que a esposa, o filho, o pai fossem...), mas encontramo-nos a cada passo com a «imagem real». Essa imagem real — que é a única que existe — irrita, decepciona. O choque com a imagem real, que parece arrebentar os sonhos ideais, azeda e desgasta o dia-a-dia, fere a harmonia familiar, que — rachada já por tantas incompreensões — pode ficar estilhaçada.

O primeiro passo do amor misericordioso consiste em procurar *entender* os outros, sabendo que são *outros*. Para isso, antes de mais nada é necessário *respeitá-los*. Um ser humano é um mundo que deve ser encarado com um respeito imenso. Deus faz assim conosco, dá-nos um enorme valor, embora sejamos — como somos — pobres pecadores: para Ele valemos o preço do sangue de Jesus Cristo.

«Cada criatura humana — diz um autor espiritual — é um enigma, uma palavra velada. Todo o trabalho da caridade paciente consiste em decifrar esses enigmas e em encontrar o seu sentido»[13].

Entender exige um ato consciente, um propósito deliberado de compreender. Como dizia um conhecido orientador familiar, «os amantes são aqueles que se amam; os esposos são aqueles que se *empenham* em amar-se»[14].

Existe esse ato deliberado, esse empenho, quando alguém diz: «Eu, a partir de hoje, faço o propósito de esforçar-me seriamente por entender a minha mulher; eu *quero* entender o meu filho».

Os canais da comunicação

Se esse propósito for sincero, quem o fez logo verá que precisa de lutar contra vários defeitos que lhe dificultam a compreensão. Em primeiro lugar, terá de lutar contra o preconceito. No lar, os preconceitos podem ser inúmeros. «Já nos conhecemos!» — dizem uns aos outros; e assim, mal o marido abre a boca, a mulher, sem se dar ao trabalho de escutá-lo, corta: «Você já vem de novo com a mesma história, você não muda»; assim que o pai começa a explicar a dificuldade que tem de aumentar a mesada, logo o filho o interrompe: «Ah, pai, sempre podando»... Antes de ouvir, já se tem o filme do outro, pronto e revelado, como se as pessoas fossem clichês que não pudessem mudar.

Como é importante o «empenho» em entender: «Por que ele ou ela é assim? Como é mesmo por dentro? Que lhe acontece? Que teme? Que desejaria? O que o faz sofrer?...»

Não se trata de fazer «análise». Deus nos livre do marido «analista» da mulher ou vice-versa. Mas trata-se, sim, de abrir o coração à compreensão. Para isso, é muito necessário aprender a bela arte de escutar, que nos permite amplificar os canais da comunicação, do diálogo compreensivo.

Não pratica certamente essa arte aquele tipo de marido que, chegando a casa com ar cansado, desaba na poltrona. A mulher está ansiosa por falar-lhe, e ele, abanando a cabeça como quem faz uma magnânima concessão a um ser inferior, diz-lhe: — «Vai, fala». Ela desabafa enquanto ele olha para o infinito, com inexpressividade de peixe. — «Já acabou?», pergunta ele e recolhe-se atrás do jornal.

Pelo contrário, pratica a arte de escutar aquele que deixa falar o outro: escuta-o com atenção até que termine; evita acusações ou desqualificações; não se serve de expressões do tipo «já sei, não precisa dizer-me»; toma cuidado com as interpretações errôneas de palavras, frases, gestos ou atitudes; sabe pedir amavelmente esclarecimentos; está atento ao assunto da conversa, sem pular abruptamente para outro; evita expressões cortantes como «Isso não admito», «Não aguento esse modo de falar», «Você não muda», etc.[15]

Só o respeito, sem preconceitos nem precipitações, pode levar a «entender» o outro. E, quando a compreensão vai crescendo, deixa-se de dizer: «Ele *deveria* ser assim», e passa-se a dizer: «Ele *é* assim; portanto, o que é que *eu devo* fazer?»

Então, como diz o Papa, a nossa misericórdia «reavalia, promove e tira o bem de todas as formas de mal» (ou seja, dos defeitos, das limitações, das más disposições dos outros). É uma verdade comprovada que, quando procuramos compreender uma pessoa, facilmente descobrimos qual é a nossa atitude — a palavra, o silêncio — que mais a poderia ajudar, que poderia *fazer-lhe maior bem*. Nisso consiste a *bondade* de que fala São Paulo no texto que estamos a comentar[*]. Quando cada membro da família se esforça por entender os outros, todos acabam

---

[*] Sobre a bondade, cf. Francisco Faus, *O homem bom*, Quadrante, São Paulo, 2023.

«entendendo-se» cada vez mais. Assim garantem a paz.

O cume da misericórdia

O cume da misericórdia, como ensina Cristo, é o perdão. Mas, na vida em família, o perdão, muitas vezes é o cúmulo da dificuldade. Como custa perdoar no lar! E, no entanto, é muito mais daninho para a paz familiar guardar rancores, curtir ressentimentos e andar com revides, do que explodir momentaneamente, dando vazão à ira, ao grito e ao sopapo.

Creio que todos nós experimentamos um estremecimento quando encaramos de frente duas declarações de Cristo:

— depois de ensinar-nos a rezar: *perdoai-nos as nossas ofensas, assim como nós perdoamos a quem nos tem ofendido*, Jesus acrescenta: *Mas, se não perdoardes aos homens, tampouco vosso Pai vos perdoará* (Mt 6, 12.15). Já imaginamos o que seria, para nós, o dia do Juízo, se Deus nos perdoasse só como nós perdoamos os outros?

— o segundo ensinamento deixa-nos pensativos e um tanto perturbados. Repetindo de certa forma o anterior, introduz um novo matiz. Cristo acaba de narrar a parábola do servo cruel, que tendo sido perdoado de uma grande dívida pelo seu senhor, não perdoa um companheiro que lhe deve uma insignificância. O senhor do servo castiga-o severamente e, como moral da parábola, Cristo conclui: *Assim vos tratará meu Pai celeste, se cada um não perdoar a seu irmão de todo o coração* (Mt 18, 35).

Há pessoas que parecem ter no coração um computador com capacidade de muitos *gigas*, em cuja memória se vão guardando todas as mágoas, perfeitamente contabilizadas: «Não se lembrou do meu aniversário», «Faz dez anos que não me traz flores nem bombons», «Ela não aceitou a minha explicação "verdadeira" sobre os meus atrasos à noite e acusa-me de infidelidade», «Quando éramos namorados, no dia tantos de tantos de mil novecentos e tantos, às dezoito e trinta e cinco horas, na esquina das ruas tal e qual, ele me ofendeu dizendo xis ou ípsilon», «Ela passa o dia na casa da sua mãe, como se não tivesse marido e filhos», «Ele não quis ir ao casamento do meu sobrinho, sabendo que magoava toda a minha família», «Você disse isso porque meus pais são pobres», e assim por diante.

Basta que qualquer faísca provoque uma irritação, basta uma má interpretação, uma crítica, uma zombaria ou um protesto, para que a pessoa que se sente ofendida «clique» no seu computador invisível e apareça no vídeo o arquivo dos «agravos», com uma lista interminável. Essa enxurrada de reminiscências negativas cai então como um raio sobre o outro, reacende a fogueira das acusações mútuas e aumenta o círculo vicioso dos rancores e das recriminações. Adeus à paz! São Paulo sabia bem de que massa estamos feitos e, por isso, pensando no amor que gera a paz, dizia, como víamos acima: *Suportai-vos uns aos outros e perdoai-vos mutuamente, se um tiver contra outro motivo de queixa. Como o Senhor vos perdoou, assim perdoai também vós* (Ef 3, 13).

Como são importantes os pequenos perdões no lar! Esforcemo-nos, pelo menos, por calar-nos: não retruquemos, não firamos sensibilidades. Façamos um propósito espiritual altamente recomendável: «Nas discussões, lá em casa, eu faço questão de dizer a *penúltima* palavra». Quem se obstina em dizer a última, inevitavelmente atiça a chama da discussão.

Mas calar-se não é carneirismo? Será que tenho que aceitar todas as injustiças e humilhações? Não. Às vezes, pode-se — e deve-se — cortar energicamente e na hora um despropósito, mas não há necessidade de cair numa interminável discussão, nem de ficar remoendo horas e dias. Outras vezes, convirá calar e esperar, e mais tarde, tentar um diálogo sereno e esclarecedor ou fazer uma correção tranquila; em outras ocasiões, nada facilitará tanto o arrependimento do outro como mostrar-lhe — sem humilhá-lo — grandeza de alma. Uma pessoa ofendida que trata bem, com coração magnânimo, aquele que o ofendeu, é moralmente «superior», não pelo orgulho, mas pela bondade. Com isso, desarma o agressor, que pode perceber a sua tola mesquinhez em contraste com esse amor maior.

Perdoar de todo o coração

«Certo — pode dizer alguém —, eu perdoo, gostaria de perdoar, mas não consigo esquecer. Portanto, o meu perdão não vale nada, pois Cristo manda *perdoar de todo o coração*».

Quantos não sofrem, angustiados, por essa incapacidade que têm de esquecer mágoas e ofensas! «Eu tento — dizem —, eu quereria esquecer, eu me esforço, mas continuo lembrando-me e, de cada vez que lembro, vem-me aquela fervura, sinto raiva, sinto antipatia, não aguento ver a pessoa na minha frente».

Deus não nos pede impossíveis, e mudar sentimentos involuntários, muitas vezes, é um impossível. Então, o que é que Deus pede quando nos fala de perdoar de todo o coração? Com muita clareza no-lo diz o *Catecismo da Igreja Católica*: «Não está em nosso poder não mais sentir e esquecer a ofensa; mas o coração que se entrega ao Espírito Santo transforma a ferida em compaixão e purifica a memória, transformando a ofensa em intercessão» (n. 2843).

É um jato de luz e um conforto, porque é algo que uma pessoa de boa vontade sempre pode fazer.

Primeiro, transformar «a ferida em compaixão». Não, naturalmente, na compaixão que despreza, olhando o «coitado» de cima para baixo. Mas na compaixão verdadeira que, sabendo passar por alto a mágoa pessoal — ainda que essa continue como um sentimento que não conseguimos eliminar —, percebe que a atitude errada do outro é uma ferida que ele próprio infligiu a si mesmo. Como é lógico, a «compaixão» vivida conscientemente — com autêntico esforço de compreensão — deixa cada vez menos espaço no nosso coração para o rancor.

Depois, o *Catecismo* fala de «purificar a memória, transformando a ofensa em intercessão», isto é, em oração, pedindo a Deus por aquele que nos ofendeu. Esse é exatamente o ensinamento de Cristo: *Orai pelos que vos maltratam e perseguem* (Mt 5, 44). Todos nos comovemos quando lemos as histórias dos mártires que, a exemplo de Cristo, rezavam fervorosamente pelos seus algozes. Mas, por que achamos que isso não é conosco? A esposa, o marido, os filhos, podem ser difíceis, mas não são — normalmente — os nossos algozes. Quantas vezes rezamos por eles? Mais concretamente, lembramo-nos de rezar por eles — depois do primeiro sufoco, mesmo que o ânimo continue a ferver — todas as vezes que nos ofendem ou nos tratam com desconsideração? Será que isso nos parece esquisito ou impossível? Seria uma pena se fosse assim, porque é um ponto básico do espírito cristão. É preciso decidir-nos a lutar por vivê-lo.

Não apenas esquecer, mas esquecer-se

E agora vejamos a *humildade*. É mais uma virtude que São Paulo cita como arma de paz, e não poderia deixar de ser assim, uma vez que, como vimos acima, o orgulho é o principal inimigo da paz.

Há uma manifestação de humildade que deveríamos pedir insistentemente a Deus, pois favorece a paz: é a graça de não sermos suscetíveis. O orgulhoso é muito sensível, é desconfiado, magoa-se por tudo e por nada. Têm que se medir as palavras para falar com ele: — «Cuidado com o que dizes, cuidado com o modo de olhá-lo, porque pode interpretar mal!»

«A maioria dos conflitos em que se debate a vida interior de muita gente — dizia Mons. Escrivá — é fabricada pela imaginação: é que disseram..., é que podem pensar..., é que não me consideram... E essa pobre alma sofre, pela sua triste fatuidade, com suspeitas que não são reais. Nessa aventura infeliz, a sua amargura é contínua, e procura produzir desassossego nos outros: porque não sabe ser humilde, porque não aprendeu a esquecer-se de si própria para se dar generosamente ao serviço dos outros por amor a Deus»[16].

Nestas palavras, ao lado do diagnóstico da susceptibilidade, indicam-se os dois principais remédios: aprender a *esquecer-nos* de nós mesmos; e dar-nos generosamente ao *serviço* dos outros. São dois aspectos da humildade que têm a maior relevância para a paz familiar.

Faz alguns anos, veio-me às mãos, não sei dizer como, o texto de uma mensagem que a rainha Fabíola dirigiu ao povo belga por ocasião dos trinta anos do seu casamento com o rei Balduíno. A data era de 15 de dezembro de 1990 e o texto da mensagem era o seguinte: «Eu vos direi, simplesmente, que estes têm sido anos de felicidade, devido em grande parte à gentileza do meu marido, às suas atenções, a um constante esquecimento de si mesmo que jamais ficou desmentido. Ele tem para comigo uma paciência a toda a prova: foi a paciência que permitiu ao nosso amor crescer e expandir-se. Esse esquecimento de si, em favor do outro, é a verdadeira chave do casamento».

Esquecer-se: palavra maravilhosa. São Paulo aplica-a a Cristo, dizendo que se esqueceu de si, *que se aniquilou a si mesmo, assumindo a condição de servo...* (Fl 2, 7). O esquecimento é a face oculta do amor, aquilo que nos facilita amar libertos da carga do «eu». Assim o fez Cristo: esqueceu-se de Si até fazer-se «nada» — aniquilando-se —, para dar-se totalmente a nós. E dEle, entregue e esquecido, afirmará São Paulo que *é a nossa paz* (Ef 2, 14).

Em que pensamos habitualmente? Em quem pensamos? Já é hora de deixar de preocupar-nos tanto por nós mesmos, de deixar de avaliar tudo o que os outros fazem — «é bom, é ruim» — pelos reflexos que projeta no espelho do nosso «eu». Somente quem se esquece humildemente de si é capaz de se doar. «Oxalá te habitues a ocupar-te diariamente dos outros, com tanta entrega que te esqueças de que existes!»[17]

O servidor de todos

Com estas palavras — *ser o servidor de todos* —, Cristo procurou reiteradamente curar o egoísmo e a ambição dos seus Apóstolos. Várias vezes, o Evangelho nos apresenta aqueles homens bons e rudes, que Jesus chamou e que ia formando pacientemente junto de Si, a discutir sobre *qual deles seria o maior*. Em todas essas ocasiões, Jesus deu-lhes uma resposta «radical»: *Se alguém quer ser o primeiro, seja o último de todos e o servidor de todos* (Mc 9, 34-35). E aproveitou para recordar-lhes que esse era justamente o caminho que Ele quis seguir: *O Filho do homem não veio para ser servido, mas para servir e dar a sua vida para salvação de muitos* (Mt 20, 28).

Como seria delicioso um lar em que todos estivessem dispostos a servir uns aos outros; mais ainda, em que *competissem* uns com os outros, para ver quem serve mais e melhor. Seria o império da paz e da alegria. Porque é evidente que quem serve, quem deseja servir, não se lembra de reclamar e, em consequência, está pouco predisposto a brigar ou a descambar para o mau-humor.

Grande parte das queixas que há no lar obedecem ao desejo de «sermos servidos». Pensamos, amargurados, que se esqueceram de nós; que não nos dão atenção; que não nos tratam com carinho; que não preparam a comida de que gostamos; que têm a rara habilidade de mudar de canal de televisão quando estamos assistindo ao nosso programa preferido... Em suma, não nos «servem» o que achamos justo receber.

Quem tem espírito de serviço, sem cair na conivência com a desordem, reclama pouco e faz muito. E o que faz — se realmente é humilde — possui as seguintes características:

— É um serviço feito com *alegria*. Uma pessoa que serve resmungando, como se fosse um mártir condenado a trabalhos forçados, torna o seu serviço desagradável e deixa o ambiente rarefeito. É natural que os outros, enervados — por exemplo — pela mulher que reclama do trabalho que lhe dão, ou pelo marido que resmunga, ou pelos protestos dos filhos ante o menor pedido de ajuda, tenham vontade de gritar: «Para com isso! Prefiro eu fazer tudo a estar tendo que aturar tanta reclamação!»

— Depois, é um serviço feito com *elegância*, isto é, sem lhe dar importância. Como é desagradável a pessoa que serve e, depois, fica cobrando os serviços prestados: «Eu fiz muito mais do que deveria fazer; chega, agora façam vocês», «Eu passo o dia dando duro e vocês — os filhos —, na maior gandaia». «Eu já fui ontem comprar pão, agora que vá a minha irmã»... Cristo, pelo contrário, ensina-nos de modo explícito que, *depois de termos feito tudo*, devemos dizer, sem nenhuma vaidade: *Não fizemos mais que o que devíamos fazer* (cf. Lc 17, 10).

— Finalmente, é um espírito de serviço que sabe *adiantar-se*. Muitos servem, realizam serviços, mas puxados sempre pelos outros: pelo que os outros pedem ou mandam. Deles próprios, não parte iniciativa nenhuma.

Quando temos espírito de serviço, o coração e a mente estão vigilantes, e fazemos o que dizia São Paulo: *Adiantai-vos em honrar uns aos outros* (Rom 12, 10). Adiantamo-nos, fazemos as coisas antes que os outros as tenham que fazer, poupamo-los com carinho. Como é agradável o ambiente de uma casa onde a mulher, que anda fatigada, descobre com surpresa que, sem dizer nada, a filha de treze anos se levantou um pouco antes da hora e está preparando o café; ou que o menino, sabendo que a empregada foi embora, arrumou ele sozinho — milagre! — a sua cama; ou que vê aparecer o marido na cozinha, a cantarolar «Romaria» («Sou caipira, Pirapora...»), pondo-se de repente a lavar a louça! Isso é uma bênção de paz para o lar.

Um cortejo de virtudes amáveis

Voltando ao texto de São Paulo, depois da humildade, mencionam-se outras virtudes: primeiro, uma virtude que tanto pode traduzir-se por *doçura* como por *mansidão*; e, depois, a virtude da *paciência*.

Como é natural, São Paulo não pretende fazer aí um tratado exaustivo: não afirma que as virtudes que enumera sejam «todas» as virtudes que contribuem para a paz. Mas, sem dúvida, todas elas estão relacionadas com a paz e, por isso, servem-nos muito bem de pauta.

Doçura, paciência, serenidade, mansidão. Só de ouvirmos estas palavras, parece que a paz já se derrama na nossa alma.

Há pessoas que, por estarem perto de Deus, difundem em todos os que as cercam uma paz serena. Bem dispostas, pacientes, suaves nos modos, são, ao mesmo tempo, gentis e cheias de delicadezas. Junto delas, experimentamos uma sensação de bem-estar parecida com a que nos envolve ao contemplarmos um suave e lento entardecer no campo.

Sem as virtudes amáveis, a vida torna-se dura, áspera, cheia de atritos.

Na verdade, qual é a fonte mais comum das palavras, dos olhares e dos gestos desagradáveis? Sem dúvida, a irritabilidade e a impaciência não controladas. Ninguém tem vontade de chegar a uma casa em que a mulher grita e se impacienta por qualquer contrariedade; ou em que o pai está sempre esbravejando, furioso, e bronqueando a todos.

Em compensação, quando o marido ou a mulher possuem as virtudes amáveis de que estamos falando, os dois têm ânsias de chegar a casa, cada um sente uma pontada de vazio quando o outro está ausente, e experimenta um sobressalto de alegria quando percebe que está voltando para o lar.

Os médicos falam do sinal «patognomônico» que, como explica o dicionário, é o sintoma característico de uma doença. O professor de psiquiatria e escritor J.A. Vallejo-Nágera comentava, a este respeito, numa entrevista autobiográfica: «O sinal patognomônico de que um casamento funciona bem é o barulhinho da chave na fechadura da porta da casa. Eu estava acostumado a chegar a casa e a que a Viky [a esposa] estivesse à minha espera. Se, por um motivo qualquer, não estava, eu sentia um vazio, um oco. Diria até que notava o som do vazio. Quando, passado um tempo, ouvia o elevador e, depois, o barulho da chave sendo introduzida na fechadura, e sentia que o meu coração se alegrava, ficava certo de que o meu casamento funcionava. Tenho praticado muito no meu consultório o *teste da chave*, como eu o chamo, com pacientes que têm problemas matrimoniais»[18].

Mais virtudes amáveis

Virtudes amáveis criam vida amável. Páginas atrás, mencionávamos a resposta daquele velho amigo que acabava de celebrar as Bodas de Ouro, à pergunta sobre o que, na opinião dele, mais tinha contribuído para a paz familiar. — «A educação», respondeu.

Os detalhes de educação, as gentilezas, as delicadezas sorridentes, não são só para praticar fora de casa, com os estranhos, nem são coisas ultrapassadas pelo à-vontade moderno (que é tão antigo como a mais velha grosseria). Não sei por quê, mas parece que basta atravessar a porta do lar para que se afrouxem e se soltem todas as normas da educação.

Vem-me agora à memória um fato recente, nada exemplar. Falava-me alguém, com tristeza, de um casal que se tratava de maneira rude e grosseira. Num daqueles dias, após uma briga com troca de insultos, em que a mulher chamou o marido de «cavalo», acabou gritando-lhe, quando ele estava saindo de casa:

— «Não se esqueça de levar a ferradura!»

E ele retrucou, no mesmo nível:

— «Não, vou deixá-la aqui mesmo. Com certeza você vai precisar muito dela».

Diálogos desse teor — e bem mais cavalares e chulos —, infelizmente, não são infrequentes nos lares.

Sabemos dizer «Por favor»? Sabemos ceder o melhor lugar na sala para assistir à televisão? Sabemos escolher o pior pedaço nas refeições? Sabemos apressar-nos no banho, para não fazer esperar outros? Sabemos agradecer, dizendo «Obrigado, muito obrigado, já percebi que você se lembrou de me comprar tal coisa»? Sabe o marido dizer, com um brilho sincero nos olhos: «Você está linda com esse vestido novo»,

«Você prepara o melhor vatapá do Brasil», «O que seria desta casa sem você?» Sabe ela «esperar» o marido, não para despejar-lhe em cima a carga elétrica acumulada durante o dia, mas para cumulá-lo de pequenas atenções?

Para os maridos, concretamente, parece-me interessante transcrever um caso narrado, com estilo de ficha médica, por outro psiquiatra:

«Ele tem vinte e nove anos e ela vinte e quatro. Classe média. Têm pouco mais de dois anos de casados, e já um ano depois de morarem juntos começaram fortes tensões entre os dois, com momentos muito difíceis. Numa dessas ocasiões, ela foi para a casa dos pais e voltou poucos dias depois. Têm um filho».

O médico pede à jovem esposa que faça uma lista das coisas de que sente mais falta, e ela indica os seguintes pontos:

«1. Que, durante o café da manhã, fale comigo e não se dedique a ler o jornal sem me dizer nada; que me conte o que vai fazer nesse dia, ainda que ache que não é importante.

«2. Que me beije ao sair de casa e ao voltar.

«3. Que diga alguma coisa agradável sobre a minha apresentação: "Hoje você está linda", "como lhe fica bem essa blusa" ou alguma coisa simpática e bem humorada..., como costumava fazer no namoro.

«4. Que me pergunte como foi o meu dia, o que fiz, como me sinto.

«5. Que não se mostre mais carinhoso só quando quer ter relações íntimas comigo. Isso é uma coisa que me revolta.

«6. Que "perca o tempo" com seu o filho quando chega do serviço, e não se feche no quarto com os seus papéis.

«7. Que colabore em algumas pequenas tarefas da casa: preparar a mesa, trazer os guardanapos, tirar as pedras de gelo da geladeira, etc.

«8. Que, nos dias "especiais", me leve a jantar fora, como fazíamos quando namorávamos ou logo depois de casados; e que se arrume e não vá com a mesma roupa com que esteve trabalhando»[19].

Também os maridos poderiam fazer listas análogas. E os filhos. E os pais. E todos eles deveriam lembrar-se de que existe um ato, um gesto precioso e insubstituível, que torna cálidas e luminosas todas as amabilidades e serviços: o sorriso.

Caras sorridentes

«Não esqueças — dizia Mons. Escrivá — que, às vezes, faz-nos falta ter ao lado caras sorridentes»[20]. Ele o recomendava, e — sou testemunha disso — praticava-o em favor dos outros todos os dias e a todas as horas. Costumava dizer — por experiência própria — que, em muitas ocasiões, «sorrir é a melhor mortificação», pois com ela prestamos um grande serviço, tornando a vida mais amável e alegre aos que convivem conosco.

É estranho, mas alguns pensam que sorrir sem ter vontade é hipocrisia. Não é verdade. Fazer o esforço de sorrir para evitar preocupações, angústias, tormentas ou cerração no lar é um grande ato de amor. O sorriso dissipa nuvens, desarma irritações, abre uma nesga de céu por onde entra o sol da alegria. Por isso, deve-se lutar esforçadamente para não privar desse bem os outros. Sorrir não é só uma reação espontânea, uma atitude «natural» incontrolável; pode — deve, muitas vezes — ser um ato voluntário de amor, praticado com esforço consciente, pensando no bem dos outros.

A este propósito, gosto de recordar um cartão de Boas-Festas que um padre amigo me mandou em fins de 1992. Era uma folha de papel simples, xerocada na paróquia, e trazia uma espécie de poema. Não sei se era da autoria dele, ou se o tomara emprestado de alguma publicação. Seja como for, o conteúdo era extremamente simpático. Debaixo do cabeçalho — *Um sorriso* —, vinham as seguintes frases:

— «Não custa nada e rende muito.

— «Enriquece quem o recebe, sem empobrecer quem o dá.

— «Dura somente um instante, mas os seus efeitos perduram para sempre.

— «Ninguém é tão rico que dele não precise.

— «Ninguém é tão pobre que não o possa dar a todos.

— «Leva a felicidade a todos e a toda a parte.

— «É símbolo da amizade, da boa vontade, é alento para os desanimados, repouso para os cansados, raio de sol para os tristes, ressurreição para os desesperados.

— «Não se compra nem se empresta.

— «Nenhuma moeda do mundo pode pagar o seu valor.

— «Não há ninguém que precise tanto de um sorriso como aquele que já não sabe sorrir.

— «Quando você nasceu, todos sorriram, só você é que chorava. Viva de tal maneira que, quando você morrer, todos chorem e só você sorria».

Como vemos, doçura, mansidão, paciência, educação, gentileza, sorriso..., são fontes de paz no lar. Não haverá outras «virtudes amáveis» que também colaborem para a paz? Há muitas, com certeza. Por exemplo, uma virtude que poucos relacionam com o nosso tema: a virtude da ordem. Torna-se mais fácil a paz num lar em que, sem esquemas excessivamente rígidos, existe ordem material, pontualidade, previdência e ordem nos horários. O ambiente de ordem facilita a tranquilidade e elimina muita confusão e agitação. Todos temos a experiência de que a desordem e o desmazelo — como lembrávamos antes — criam inquietações e mal-estar.

Outro exemplo de virtude amável: a confiança em Deus. Perante os problemas, sofrimentos e incertezas que sempre pairam ameaçadoramente sobre a vida familiar, a pessoa que não confia em Deus sente-se insegura, angustia-se e transmite aos outros essa sua intranquilidade. Se soubesse confiar em Deus, manter-se-ia serena e difundiria segurança à sua volta.

Poderíamos pensar ainda na virtude da afabilidade, na importância de cultivar o bom humor, no esforço por comentar o lado positivo das coisas, na necessidade de evitar apreciações apocalípticas sobre a vida, e em tantas outras manifestações de virtudes, que contribuem poderosamente para a paz no lar. Mas, como não é o caso de prosseguir até ao infinito, teremos que encerrar estes comentários por aqui... Deixaremos apenas estas reticências, para que o leitor as preencha com as suas belas experiências de paz familiar.

Em todo o caso, de tudo o que — sem pretensões de esgotar o tema* — foi

---

(*) Sobre o tema das virtudes na vida do lar, vale a pena ler também as obras de Georges Chevrot, *As pequenas virtudes do lar*, Quadrante, São Paulo, comentado nestas páginas, talvez possa ficar-lhe, com a ajuda de Deus, uma linha de rumo, uma diretriz para a consciência cristã: a certeza de que a paz só morre nas mãos do egoísmo, só é destruída pela falta de virtudes pessoais; e, ao mesmo tempo, a convicção de que a paz — em quaisquer circunstâncias — só é edificada e garantida pelo amor abnegado e pelas amáveis virtudes que Cristo nos ensinou.

2022, e *O Evangelho no lar*, Quadrante, São Paulo, 2017.

NOTAS

(1) Gustavo Corção, *Claro Escuro*, 3ª ed., Agir, Rio de Janeiro, 1963, p. 105; (2) Josemaria Escrivá, *Caminho*, 8ª ed., Quadrante, 1995, n. 25; (3) João Paulo II, *Carta às famílias*, n. 7; (4) Leão Tolstoi, *Obra completa*, vol. III, Nova Aguilar, Rio de Janeiro, 1993, pp. 917-918; (5) *Carta às famílias*, n. 13; (6) *Palavra do Santo Padre ao Brasil*, Paulinas, São Paulo, 1991, p. 128; (7) Josemaria Escrivá, *Questões atuais do cristianismo*, 3ª ed., Quadrante, São Paulo, 1986, n. 106; (8) *ibid.*, n. 91; ver também, do mesmo autor, a homilia *O Matrimônio, vocação cristã*, em *É Cristo que passa*, 2ª ed., Quadrante, São Paulo, 1975, ns. 22-30; (9) São Tomás de Aquino, *Suma teológica*, II-II, q. XXIII, art. 1, concl.; (10) Josemaria Escrivá, *É Cristo que passa*, n. 73; (11) Encíclica *Dives in misericordia*, n. 4; (12) Gustavo Corção, *A descoberta do outro*, Agir, Rio de Janeiro, 1967, pp. 226-228; (13) Um Cartuxo, *Silêncio com Deus*, Aster, Lisboa, 1956, pp. 141-142; (14) Pedro-Juan Viladrich, *A família «soberana»*, em *L'Osservatore Romano*, 26.08.1994, p. 5; (15) cf.

a obra do psiquiatra Enrique Rojas, *Remedios para el desamor*, Ediciones TH, Madrid, 1990, pp. 228 e segs.; (16) Josemaria Escrivá, *Amigos de Deus*, Quadrante, São Paulo, 1979, n. 101; (17) Josemaria Escrivá, *Sulco*, Quadrante, São Paulo, 1987, n. 947; (18) J.A. Vallejo-Nágera e J.L. Olaizola, *La puerta de la esperanza*, Rialp-Planeta, 21ª ed., Barcelona, 1992, p. 141; (19) Enrique Rojas, *op. cit.*, pp. 217-218; (20) *Sulco*, n. 57.

Direção geral
Renata Ferlin Sugai

Direção editorial
Hugo Langone

Produção editorial
Juliana Amato
Gabriela Haeitmann
Ronaldo Vasconcelos
Roberto Martins

Capa
Provazi Design

Diagramação
Sérgio Ramalho

ESTE LIVRO ACABOU DE SE IMPRIMIR
A 20 DE FEVEREIRO DE 2024,
EM PAPEL OFFSET 75 g/m^2.